AF396586

LA RÉFORME

DE

LA LICENCE EN DROIT

AU POINT DE VUE

DE L'ENSEIGNEMENT DU DROIT ADMINISTRATIF

Le décret qui a introduit, il y a trois ans, d'importantes réformes dans la Licence en droit a reçu, en 1891-1892, sa première application pour la troisième année d'études, dans toutes les Facultés de droit de France. Dans cette troisième année, la partie la plus importante de la réforme consiste dans la création d'un certain nombre de cours nouveaux d'une durée semestrielle et parmi lesquels les étudiants doivent choisir trois cours compris, suivant leur choix, dans la seconde partie du troisième examen de licence. Ces cours semestriels de création nouvelle portent sur les objets suivants : Droit international public, Droit international privé, Voies d'exécution, Droit maritime, Droit commercial comparé, Législation coloniale, Législation financière, et Droit administratif.

Ces deux derniers cours constituent une extension vraiment indispensable au cours annuel de Droit administratif, dont la durée est absolument insuffisante pour l'étendue des matières de cet enseignement. Ce cours annuel de Droit administratif étant placé, d'après le régime nouveau, dans la seconde année de la Licence en droit, le professeur peut suivre ses élèves en troisième année pour leur donner ces deux enseignements complémentaires.

C'est ce qui vient d'être fait à la Faculté de droit de Paris, qui est la seule des Facultés de droit de France où il ait été possible et utile d'organiser à la fois tous ces enseignements. M. Ducrocq, professeur de Droit administratif, après avoir fait, pendant l'année scolaire 1890-1891, le cours annuel de Droit administratif en deuxième année, a fait aux mêmes élèves, suivant leur faculté d'option, les deux cours semestriels de Législation financière et de Droit administratif complémentaire de troisième année, pendant l'année scolaire 1891-1892. L'enseignement du Droit administratif s'est produit ainsi pour la première fois, pendant deux années consécutives, par l'action du même professeur, pour le plus grand profit de la science et de l'enseignement de cette branche du Droit. Il y a là un progrès considérable réalisé dans l'enseignement du Droit administratif, et que les spécialistes les plus autorisés réclamaient depuis longtemps. M. Ducrocq avait été des premiers à demander cette extension de son enseignement; il a tenu à inaugurer cette partie de la réforme à la Faculté de droit de Paris, et il veut bien adresser à la *Revue générale d'administration* les programmes de ces deux cours nouveaux qu'il vient de faire sur la Législation financière et sur le Droit administratif.

Nous reproduisons ce dernier programme, dont le sujet, d'une originalité et d'une actualité remarquables, montrera bien tous les services que peut rendre à l'enseignement, à la pratique et à la science, cette partie de la réforme si judicieusement accomplie.

FACULTÉ DE DROIT DE PARIS

PROGRAMME DU COURS DE DROIT ADMINISTRATIF

(3e année)

2e SEMESTRE DE L'ANNÉE SCOLAIRE 1891-1892

Par M. DUCROCQ, PROFESSEUR.

THÉORIE-GÉNÉRALE DE LA PERSONNALITÉ CIVILE
ET LÉGISLATION SPÉCIALE A CHAQUE CATÉGORIE D'ÉTABLISSEMENTS
DOTÉS DE CETTE PERSONNALITÉ

Objet général et division du cours en six chapitres, avec répartition des établissements dotés de la personnalité civile en cinq groupes d'après leur destination principale.

CHAPITRE Ier.

THÉORIE GÉNÉRALE DE LA PERSONNALITÉ CIVILE.

Éléments divers de cette théorie dans le droit public et dans le droit privé.
Son importance doctrinale et pratique.
Définition des personnes civiles ou personnes morales.
Nécessité philosophique et juridique de leur réglementation légale.
Principes constitutifs de la théorie générale de la personnalité civile, pouvant être ramenés à cinq.
Subdivision du présent chapitre en cinq sections.

SECTION Ire.

Caractère toujours limité de la personnalité civile.

Impossibilité d'une assimilation juridique absolue entre les personnes civiles et les personnes physiques au point de vue de leur capacité légale.
Droits de famille inapplicables aux personnes civiles.
Exclusion des droits politiques individuels.
Distinctions nécessaires dans l'ordre des droits privés patrimoniaux.

SECTION II.

Variété d'étendue de la capacité légale des personnes civiles au point de vue des divers actes de la vie civile.

La personnalité civile constitue un fait relatif, variable suivant les actes et les personnes.

La loi française n'admet ni l'unité, ni l'uniformité des personnes civiles.

Diversité de capacité des personnes civiles dérivant de leur diversité de but, d'origine et de nature.

De là dérive logiquement aussi la diversité des lois qui les régissent.

Tentatives diverses d'unification des lois sur les associations et personnes civiles, et leurs causes d'insuccès.

Distinctions relatives aux associations de capitaux et aux associations de personnes.

Partie générale, et seule susceptible de mesures d'ensemble rationnelles, de la législation relative aux associations de personnes (C. pénal, art. 291 à 294, et loi du 10 avril 1834).

Partie spéciale de la législation relative aux associations de personnes, logiquement soumise à des conditions nécessaires de diversité.

Différence profonde existante entre l'association proprement dite, même religieuse, et la congrégation ; raison d'être de lois distinctes.

La diversité d'étendue de la personnalité civile est d'ailleurs indépendante de la diversité de la législation générale ou spéciale sur les associations.

Démonstration de la persistance des conceptions du législateur français sur la théorie générale de la personnalité civile au point de vue de sa diversité et de l'extrême inégalité dans la capacité des personnes morales.

Personnes civiles dont la capacité est réduite au droit d'ester en justice (notable arrêt de la Cour de cassation, Chambre civile, du 25 mai 1887, *Époux Chollet c. Société vosgienne d'encouragement pour l'amélioration de la race chevaline*).

Personnes civiles dont la capacité est réduite à un petit nombre d'actes de la vie civile (syndicats professionnels de patrons et d'ouvriers).

Personnes civiles dont la capacité est plus étendue, mais encore réduite (sociétés de secours mutuels approuvées).

Personnes civiles dont la capacité ne comprend pas le droit de recevoir de dons ou de legs (associations syndicales libres; sociétés commerciales).

Personnes civiles à capacité plus étendue et encore variable (établissements publics et d'utilité publique).

SECTION III.

Des personnes civiles dotées de la capacité d'acquérir des dons ou legs et de la diversité à ce point de vue même de leur capacité respective.

Nécessité d'un acte de la puissance publique pour la création de ces personnes civiles, dans l'ancien et le nouveau droit public de la France.

, Raison d'être de cette règle protectrice des individus, des familles et de la nation contre l'abus de la fiction légale, sur laquelle repose la personnalité civile, et contre les périls de la propriété collective et de mainmorte.

La reconnaissance légale, source de la capacité d'acquérir à titre gratuit, a pour conséquence le droit de retrait, avec application du principe constitutionnel de la séparation des pouvoirs législatif et exécutif.

Diversité des compétences pour la reconnaissance et le retrait ; applications diverses, spécialement aux congrégations religieuses (C. cassation, Ch. civile, 19 décembre 1864 ; avis du Conseil d'État du 16 juin 1861).

De la nécessité de l'antériorité de la reconnaissance légale à tout acte d'acquisition et d'exercice de la vie civile.

Diversité des procédés employés par la loi pour restreindre dans l'application l'exercice du droit d'accepter des libéralités :

Droit général du Gouvernement d'autoriser l'acceptation des dons et legs ;

Interdiction de recevoir des immeubles (imposée jusqu'en 1817 aux établissements ecclésiastiques) ;

Interdiction aux congrégations religieuses de femmes légalement reconnues d'acquérir d'autres libéralités que celles faites « à titre particulier seulement » ;

Limitation de la quotité disponible (loi du 24 mai 1825, art. 5).

Diversité de la capacité d'acquérir les dons et legs, résultant de la règle de la spécialité des dons et legs pouvant être acceptés par chaque établissement (consacrée par l'avis du Conseil d'État du 15 janvier 1837, appliquée et rappelée par les nouveaux avis du Conseil d'État des 13 avril et 13 juillet 1881).

En conséquence de cette règle, les établissements publics ne sont capables d'acquérir que dans l'intérêt des services publics qui leur sont confiés et dans la limite des attributions qui en dérivent. Donc, la personnalité civile varie suivant la destination de chaque établissement.

Conclusion : la personnalité civile est plus ou moins étendue avec chaque établissement public ou d'utilité publique, sans être jamais complète par rapport à la capacité des personnes physiques. Elle est un fait purement relatif réglé avec raison par la loi, parce que ces êtres fictifs échappent aux lois de l'humanité, n'existent et ne peuvent exister que par la volonté du législateur.

SECTION IV.

Conditions d'application de la règle générale de l'autorisation d'accepter les dons et legs.

Généralité du principe écrit dans l'article 910 du Code civil et les lois administratives.

Distinction des questions d'autorisation et de capacité proprement dite.

Motifs et histoire du principe ; réfutation de propositions de réforme.

Formes de l'autorisation et règles de compétence.

Exceptions.

Distinction des affaires connexes et des affaires dites collectives, mixtes ou complexes.

Transactions.

Donations sous réserve d'usufruit.

Du refus d'accepter et de l'autorisation d'accepter d'office.

Du droit dit de réduction et des clauses qui lui sont contraires.

Effets juridiques de l'autorisation.

Statistique des dons et legs aux établissements publics et d'utilité publique.

Nécessité de l'antériorité de l'autorisation à l'acceptation.

L'article 937, C. civ., corollaire de l'article 910.

Des trois exceptions apportées à cette règle pour les départements, les communes, les hôpitaux et hospices, admis au bénéfice de l'acceptation provisoire.

Controverse relative aux bureaux de bienfaisance.

Effets juridiques, directs ou éventuels du principe de l'article 937 et des exceptions.

SECTION V.

Division en quatre classes des personnes civiles.

1° L'État considéré au point de vue de sa personnalité civile.

Controverse relative au point de savoir si les divers ministères, le Trésor, la Caisse des dépôts et consignations, le domaine, la Légion d'honneur, la Caisse des invalides de la marine, et diverses autres caisses nationales, possèdent une personnalité civile distincte de celle de l'État lui-même.

Solution négative et raisons de décider, l'État pouvant recevoir des dons et des legs pour ces divers services.

2° Les établissements publics. Leur définition, leurs caractères distinctifs et les principales règles constitutives, sauf exceptions, de leur régime légal.

Réserve au point de vue du non-assujettissement de quelques-uns d'entre eux aux règles de la comptabilité publique, bien que les deniers de tous les établissements publics soient des deniers publics.

Les départements (depuis 1811) et les communes constituent des établissements publics, en même temps qu'ils sont des circonscriptions et des unités administratives; mais ils ont été déjà étudiés sous divers aspects dans le cours général de droit administratif, ainsi que les sections de communes et les syndicats de commune, qui sont aussi des établissements publics et ne sont pas compris non plus dans le cours actuel.

Personnalité civile des pauvres, distincte de celles du département et de la commune, et existante même au profit des pauvres de l'arrondissement ou du canton, qui ne sont pas des personnes civiles.

3° Les établissements d'utilité publique. Leur définition, leurs caractères distinctifs, et les principales règles constitutives de leur régime légal.

4° Les personnes civiles d'une capacité plus restreinte, non reconnues comme établissement d'utilité publique, bien que dotées par la loi de certaines prérogatives de la personnalité civile.

CHAPITRE II.

LÉGISLATION SPÉCIALE AUX ÉTABLISSEMENTS SCIENTIFIQUES OU D'ENSEIGNEMENT.

SECTION Iʳᵉ.

Établissements publics.

§ 1. *Établissements publics d'ordre scientifique.*

1° L'Institut de France.

2° Les cinq académies qui le composent.

Dérogation, en ce qui les concerne, à certaines parties du droit commun des établissements publics, spécialement en ce qui concerne les règles de la comptabilité publique.

3° Académie de médecine.

§ 2. *Établissements publics d'enseignement.*

Histoire et suppression (L. 7 août 1850, art. 14) de la personnalité civile de l'Université de France, désormais confondue avec celle de l'État; maintien (même loi, art. 15) de la personnalité civile de tous les établissements universitaires.

Personnalité civile de toutes les écoles d'enseignement public de tout ordre (Loi du 11 floréal an X, art. 43).

1° Écoles spéciales diverses, militaires ou civiles (polytechnique, Saint-Cyr, navale, normale, des ponts et chaussées, des mines, des Chartes, etc.).

2° Facultés et autres écoles publiques d'enseignement supérieur.

Réglementation de leur personnalité civile par les décrets portant règlement d'administration publique du 25 juillet 1885, les décrets du 14 octobre et du 28 décembre 1885, et l'instruction ministérielle du 5 décembre 1885.

3° Lycées et collèges communaux.

Danger de confondre avec la personnalité civile de l'établissement d'enseignement secondaire ou autre, la question très différente de savoir à qui appartiennent les bâtiments (affaire du lycée Louis le-Grand; Tribunal des conflits, 12 décembre 1874, et jugement inexactement motivé du tribunal de la Seine du 19 mars 1886).

4° Écoles primaires publiques, et caisses des écoles (L. 10 avril 1867, art. 15; L. 28 mars 1882, art. 17 et 5; L. 30 octobre 1886, art. 54 et suiv.; avis du Conseil d'État des 29 juillet 1888 et 14 mai 1889).

SECTION II.

Établissements d'utilité publique de ce groupe.

§ 1. *Établissements scientifiques.*

Nombreuses sociétés savantes de tout ordre reconnues comme établissements d'utilité publique; les unes, dont l'action s'étend sur toute la France, présentant un caractère d'intérêt général; les autres présentant un caractère régional ou entièrement local.

§ 2. *Établissements d'enseignement.*

Règles de la reconnaissance comme établissements d'utilité publique des établissements d'enseignement supérieur libres, et du retrait de cette reconnaissance légale (Lois des 13 juillet 1875 et 18 mars 1880).

Loi d'application du 22 mai 1889.

CHAPITRE III.

LÉGISLATION SPÉCIALE AUX ÉTABLISSEMENTS ECCLÉSIASTIQUES OU RELIGIEUX.

SECTION Iʳᵉ.

Établissements publics ecclésiastiques.

§ 1. *Établissements de cet ordre appartenant au Culte catholique.*

a) Menses épiscopales ou évêchés.

Prétention non fondée sur les palais épiscopaux émise en 1837 (Déclaration d'abus du 21 mars 1837).

Exclusion des diocèses de la personnalité civile (Avis du Conseil d'État d'avril 1880).

b) Fabriques des églises épiscopales et métropolitaines.

c) Caisses des retraites ou de secours des prêtres âgés ou infirmes (Décrets des 19 thermidor an XIII, 31 mars 1884 et 12 juin 1885).

d) Chapitres cathédraux.

e) Séminaires diocésains ou grands séminaires.

f) Petits séminaires (Circulaire du ministre de l'instruction publique du 30 septembre 1885, convenue avec le ministre des cultes).

g) Fabriques des paroisses catholiques.

De la propriété des presbytères et de leur affectation au logement des curés ou desservants.

h) Menses curiales.

Ordonnance du 14 janvier 1831 relative aux dons et legs, acquisitions et aliénations de biens concernant les établissements ecclésiastiques et les communautés religieuses de femmes.

i) Régie des inhumations des fabriques (D. 18 mai 1806, art. 7 et 8, et D. 23 prairial an XII, art. 22).

§ 2. *Établissements de cet ordre appartenant au Culte réformé et au Culte de la confession d'Augsbourg.*

a) Caisse des retraites des pasteurs protestants.

b) Consistoires.

c) Conseils presbytéraux.

§ 3. *Établissements de cet ordre appartenant au Culte israélite.*

Consistoires départementaux.

Avis du Conseil d'État des 24 mars, 13 avril, 7 et 13 juillet 1881, faisant application de la règle de la spécialité à tous les établissements ecclésiastiques, catholiques, protestants et israélites.

Conseil d'administration représentant les fabriques et consistoires de la ville de Paris pour l'exercice de leurs droits en matière de pompes funèbres (Décret du 27 octobre 1875).

De la comptabilité des établissements publics ecclésiastiques (art. 72 de la loi de finances portant fixation du budget des dépenses et des recettes de l'exercice 1892).

SECTION II.

Établissements d'utilité publique religieux.

Congrégations religieuses de femmes légalement reconnues (Loi du 24 mai 1825 et décret-loi du 31 janvier 1852).

Congrégations religieuses d'hommes légalement reconnues.

Législation relative aux congrégations religieuses d'hommes, et situation légale des congrégations religieuses, soit d'hommes, soit de femmes, non légalement reconnues.

Établissements religieux des différents cultes reconnus comme établissements d'utilité publique et ne constituant pas des congrégations.

CHAPITRE IV.

LÉGISLATION SPÉCIALE AUX ÉTABLISSEMENTS D'ASSISTANCE.

Principes généraux en matière d'assistance.
Assistance publique.
Assistance ou charité privée.

SECTION Iʳᵉ.

Établissements d'assistance publique.

§ 1. *Assistance publique par l'État.*

Organisation du service général de l'Assistance publique.
Conseil supérieur de l'Assistance publique.
Des dix établissements nationaux de bienfaisance (Ordonnance du 21 février 1841).
Caisse des offrandes nationales en faveur des armées de terre et de mer.
Établissement des pupilles de la marine.

§ 2. *Assistance publique départementale.*

a) Des aliénés.
Répartition des charges du service et compétences.
Diverses sortes d'asiles d'aliénés, publics et privés.
Différences légales entre les asiles d'aliénés et les hospices.
Controverse relative à la personnalité civile des asiles publics départementaux d'aliénés.
Asiles publics reconnus comme établissements d'utilité publique (Consei d'État 11 juillet 1890).
b) Des enfants assistés.
Répartition des charges.
Lois du 5 mai 1869, du 10 août 1871 (art. 46, nᵒˢ 17 à 19, et du 24 juillet 1889 sur la protection des enfants abandonnés, art. 25).
Hospices dépositaires des enfants assistés.

§ 3. *Assistance publique communale.*

a) Établissements hospitaliers.

Hospices.

Hôpitaux.

Hôpitaux-hospices.

Leur commission administrative (L. 21 mai 1873 et 5 août 1879).

Extensions successives relatives à la faculté d'emploi d'une partie de leurs ressources en distributions de secours à domicile.

De la réunion des commissions administratives des hôpitaux et hospices et des bureaux de bienfaisance (art. 176, § 2, de la loi des 5 avril 1884-29 mars 1890).

De l'extension des attributions des inspecteurs des enfants assistés à l'ensemble des services de l'Assistance publique.

Dérogation à l'emploi des hôpitaux en tant qu'établissements d'assistance en ce qui concerne les malades militaires; difficultés non entièrement résoues par la loi du 7 juillet 1877 et le décret du 1er août 1879.

Projets de loi relatifs à la délivrance gratuite des médicaments aux indigents dans les établissements d'assistance publique.

Ressources légales des établissements hospitaliers.

Leur gestion et règles relatives à l'accomplissement des actes de leur vie civile (L. du 7 août 1851; L. du 5 avril 1884, art. 70, 119 et 120).

Application aux établissements hospitaliers des règles de la comptabilité publique, et, sauf exceptions, de celles de l'autorisation administrative.

b) Bureaux de bienfaisance.

Leur création.

Leur administration.

Leurs ressources légales.

Droit des pauvres.

Quêtes et souscriptions (Avis du Conseil d'État des 11 et 23 mars 1880).

Dispositions du décret du 13 avril 1861, art. 6, nos 14 à 19, relatives aux bureaux de bienfaisance.

§ 4. *Administration générale de l'Assistance publique de la Ville de Paris.*

Loi du 10 janvier 1849 ; ses vicissitudes pendant les années 1870, 1871 et 1872.

Combinaison avec cette loi de celle du 7 août 1851, et spécialement application des articles 8, 9, 10 et 11 de cette dernière loi, en ce qui concerne les hôpitaux et hospices de la Ville de Paris.

Personnalité civile des vingt bureaux de bienfaisance de la Ville de Paris distincte de celle de l'Assistance publique de la Ville de Paris (décret du 12 août 1886 et avis du Conseil d'État du 18 mars 1890).

§ 5. *Établissements divers rattachés aux services de l'Assistance publique.*

Dépôts de mendicité. Leur caractère mal défini, en tant qu'établissements pénitentiaires ou d'assistance; urgence d'une réforme; leur absence de personnalité civile.

Mont-de-piété. Leur situation aussi mal déterminée, en tant qu'établissements, soit d'assistance, soit de prévoyance, soit de crédit; ne rentrent exactement dans aucune de ces catégories, mais constituent des établissements publics (malgré la qualification d'établissements d'utilité publique qui leur est donnée par la loi du 24 juin 1851, art. 1er. C. cass., arrêt du 3 avril 1878).

SECTION II.

Établissements d'utilité publique.

Nomenclature des établissements reconnus d'utilité publique ayant leur siège à Paris et dans le département de la Seine (Préfecture de la Seine, 1884).

Nomenclature générale (mais incomplète) des établissements d'utilité publique pour la France entière (*Revue générale d'administration*, 1891).

Établissements libres de bienfaisance reconnus d'utilité publique (14e fascicule distribué au Conseil supérieur de l'Assistance publique).

Avis du Conseil d'État du 17 janvier 1806.

Œuvres intéressant l'enfance (162).

Œuvres intéressant les indigents valides ou malades (62).

Œuvres intéressant les vieillards ou les incurables (43).

Œuvres diverses (32).

Subdivision de ces établissements d'utilité publique charitables en établissements avec ou sans caractère confessionnel, et en établissements d'intérêt général ou d'intérêt local.

Des crèches et des sociétés de charité maternelle.

CHAPITRE V.

LÉGISLATION SPÉCIALE AUX ÉTABLISSEMENTS DE PRÉVOYANCE.

SECTION Ire.

Établissements d'État.

a) Caisse nationale des retraites pour la vieillesse (Lois du 18 juin 1850, du 20 juillet 1886, et décret du 28 décembre 1886).

b) Caisse nationale d'épargne (Loi du 9 avril 1881).

c) Caisse d'assurance en cas de décès.

d) Caisse d'assurance en cas d'accidents résultant des travaux agricoles et industriels (Loi du 11 juillet 1868 et règlement d'administration publique du 10 août 1868).

SECTION II.

Établissements d'utilité publique.

a) Caisses d'épargne privées ou locales.

Application à ces caisses d'importantes dispositions de la loi du 9 avril 1881.

Leur statistique.

Leur mécanisme.

Projet de réforme.

Leur caractère, bien établi par de nombreux arrêts, d'établissements d'utilité publique.

b) Sociétés de secours mutuels reconnues comme établissements d'utilité publique.

Sociétés approuvées.

Leur statistique; leur personnalité civile ne comprenant pas le droit d'acquérir et de posséder des immeubles.

Sociétés simplement autorisées; leur régime légal, leur nombre, leur absence de personnalité civile.

CHAPITRE VI.

LÉGISLATION SPÉCIALE A DES ÉTABLISSEMENTS DIVERS.

SECTION Ire.

Établissements publics.

a) Chambres de commerce.

Décrets du 3 septembre 1851.

Notable arrêt de la Cour de cassation du 28 octobre 1885.

b) Ordres d'avocats.

c) Chambres d'avoués.

d) Chambres de notaires.

SECTION II.

Établissements d'utilité publique.

a) Associations syndicales autorisées.

Controverse relative à leur caractère légal; ne constituent d'après nous et la jurisprudence que des établissements d'utilité publique (Arrêt de la Cour de cassation, Ch. civile, du 1er décembre 1886).

b) Syndicats forcés (L. de l'an X et du 15 septembre 1807).

SECTION III.

De la personnalité civile à l'étranger des établissements publics et d'utilité publique français.

De la personnalité civile en France des établissements publics et d'utilité publique étrangers (Avis du Conseil d'État du 12 janvier 1854).

SECTION IV.

Établissements dotés d'une personnalité civile limitée, et ne constituant pas des établissements d'utilité publique.

Les syndicats professionnels (L. 21 mars 1884); leur incapacité de recevoir des dons et legs.

Autres personnes civiles de cet ordre indiquées ci-dessus (chapitre I, section II).

Extrait de la Revue générale d'administration

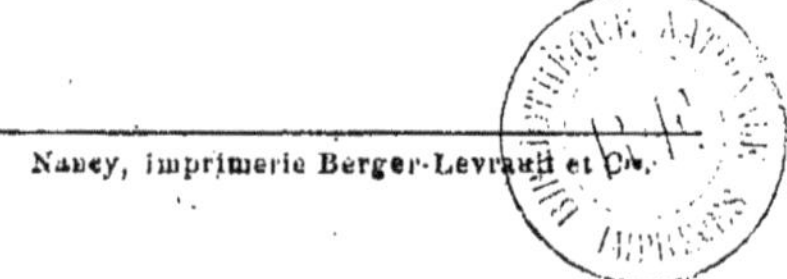

Nancy, imprimerie Berger-Levrault et Cie.